LES FILMS DU DIMANCHE SOIR

Textes
Philippe Chanoinat

Dessins
Charles Da Costa

Préface de Georges Lautner

12bis

À MON FILS THOMAS, À MA CATY.
À MONSIEUR GEORGES LAUTNER.
J'AI POUR CET HOMME UN PROFOND RESPECT ET UNE GRANDE ADMIRATION.

CHARLES DA COSTA

À GRAZIELLA DE MICHÈLE ET CHRISTOPHE FRANTZ

PHILIPPE CHANOINAT

Dépôt Légal : janvier 2011
ISBN : 978-2-35648-231-0
Achevé d'imprimer en Belgique en décembre 2010
par l'imprimerie Lesaffre à Tournai

Ils ont voulu faire un livre populaire !
Pour plaire !
Populaire ? Oui... Mais comment ?...
C'est un choix et comme presque tous les choix, c'est difficile. Parce qu'il n'y a pas que "populaire", il y a aussi "plaire". Il faut avoir envie de séduire, d'être accepté, de gagner... Comment faire ?
Là, il y a une règle du jeu. Il faut que les dessins plaisent, provoquent vos pensées...
J'adore tous les dessins de Charles Da Costa . Il a un talent fou ! Mais là, il faut qu'il tombe en harmonie avec Philippe Chanoinat, qui, lui, dégage des aspects de la vie inattendus, mais pas toujours faciles à accepter.
Tous les deux étaient faits pour réaliser un ouvrage en commun. Chacun d'eux a quelque chose à transmettre. C'est une expérience à découvrir... J'espère qu'elle vous séduira.
"Populaire", tel a été mon but dans mon travail comme dans ma vie. Cela n'est pas si facile... Pourtant je crois avoir réussi quelques films qui l'ont été. Et si mes deux amis Phil et Charles m'ont demandé de les soutenir, c'est parce qu'eux-mêmes ont été influencés par ma manière de voir les choses. Je n'ai pas envie de donner de leçons, j'essaie seulement de les aider à vous distraire, comme j'aimerais pouvoir le faire encore moi-même.

Georges Lautner

LA FOLIE DES GRANDEURS

Qui a osé dire que Victor Hugo n'était pas un auteur comique ? En effet *La Folie des grandeurs* est une adaptation de sa pièce de théâtre *Ruy Blas* publiée en 1838. Pour redevenir un peu sérieux pendant quelques secondes, il faut bien reconnaître que Gérard Oury, Danièle Thompson et Marcel Jullian ont transformé en grosse farce le drame romantique du grand homme. Il fallait oser le faire, et ces trois malfaisants ne s'en sont pas privés, et vu que le résultat est fabuleux, on ne criera pas à l'hérésie. Je ne suis pas un fan d'Yves Montand et je regrette sincèrement que Bourvil n'ait pu jouer le rôle, mais bon, je reconnais que le pote à Paulette qui aime faire de la bicyclette est excellent. D'ailleurs, c'est plutôt le chanteur et l'homme qui me gonflent, et non pas le comédien. Mais revenons au film qui est lui aussi devenu un classique des soirées familiales. Comme à son habitude, Louis de Funès est fantastique dans l'excès et la grimace. Il se déchaîne sans arrêt, et je reste admiratif devant un tel débordement d'énergie. Ma scène culte est bien évidemment quand Alice Sapritch entame un strip-tease qui restera dans les annales du cinoche tout public. Une bonne comédie d'aventures avec tous les ingrédients du genre : duels, bagarres, chevauchées, décors exotiques et une cascade de gags et de situations burlesques. Dans des seconds rôles, on retrouve avec plaisir Clément Michu, qui fut, à la grande époque de l'ORTF, Martin, l'un des six compagnons de Thierry la Fronde, le héros de la célèbre série du même nom et qui a certainement contribué à mon amour immodéré du feuilleton et du cinéma de genre. Il y a un défaut que je ne supporte absolument pas chez un homme, c'est l'avarice. Et je dois dire qu'avec le personnage de Don Sallustre on est servis. Malgré cela je n'arrive pas à le détester, car son vice est tellement poussé au paroxysme qu'on ne peut que rire de lui.

- Il y en manque une !

FICHE TECHNIQUE

RÉALISATION | GÉRARD OURY
RÉAL. SECONDE ÉQUIPE | JACQUES BESNARD
SCÉNARIO | LIBRE INSPIRATION ET PARODIE DE *RUY BLAS*, DRAME ROMANTIQUE DE VICTOR HUGO
ADAPTATION DIALOGUES | GÉRARD OURY, DANIÈLE THOMPSON, MARCEL JULLIAN
MUSIQUE | MICHEL POLNAREFF
DURÉE | 105 MINUTES
DATE DE SORTIE | 8 DÉCEMBRE 1971

DISTRIBUTION

LOUIS DE FUNÈS | YVES MONTAND | ALICE SAPRITCH | KARIN SCHUBERT | ALBERTO DE MENDOZA | GABRIELE TINTI | VENANTINO VENANTINI | PAUL PRÉBOIST | CLÉMENT MICHU...

ANECDOTES SUR LE FILM

La Folie des grandeurs *a été tourné en Espagne au studio Franstudio, et à Saint-Maurice dans le Val-de-Marne.*

La musique est en décalage total avec l'époque à laquelle se situe l'intrigue. Bourvil était initialement prévu pour jouer le personnage de Blaze, mais son décès a contraint la production à lui trouver un remplaçant.

Pour la fameuse scène d'effeuillage, Alice Sapritch fut doublée dans certains plans par la strip-teaseuse professionnelle Sophia Palladium.

Gérard Oury, pensionnaire de la Comédie-Française, incarna le personnage de Don Salluste au théâtre. À l'origine, le film devait s'intituler Les Sombres Héros.

LE CLAN DES SICILIENS

Encore un beau souvenir de gosse. Par un samedi après-midi d'hiver, mon père et mon grand-père m'emmenèrent voir cette perle du cinéma populaire français. Pendant la scène où Alain Delon se laisse aller sur une plage avec la femme de l'un des Siciliens, mon illustre aïeul ne voulant pas que mes yeux juvéniles assistent à un tel dévergondage me plaça sa main devant le visage. Je ne suis pas du genre cannibale, mais je reconnais que ce jour-là j'ai failli le devenir. Je parle souvent de ma passion pour les films de Georges Lautner, mais je suis tout autant client de ceux de Verneuil, qui, pour moi, fut aussi un des plus grands artisans du cinoche qui me régale. La distribution du *Clan des Siciliens* est parfaite : trois monstres sacrés qui s'affrontent pour notre plus grand plaisir. Mon seul regret est qu'il n'y a aucun passage où Ventura, Gabin et Delon soient réunis. Dans ce polar, jamais de temps mort. C'est une mécanique parfaitement huilée : deux heures de pur bonheur. Les dialogues de José Giovanni sont dignes de ceux de mon père spirituel, le fantasque Michel Audiard. Je possède bien évidemment le DVD, mais à chaque fois que le *Clan* passe à la télévision, je suis devant mon poste avec un fusil sur les genoux, au cas où un voisin inconscient viendrait troubler mon oraison. Gabin et Ventura ont rejoint le panthéon des artistes, mais, heureusement, M. Delon est toujours parmi nous, et j'aimerais bien qu'il revienne nous distraire en tournant encore quelques films. Je me souviens qu'en sortant du cinéma j'étais furieux contre Gabin car il butait sans vergogne le bel Alain. Tout ça pour une nana. Mais il est sûr que quarante ans après je comprends parfaitement le geste du vieux et que dans une situation identique j'aurais agi de la même façon. Ne vous excitez pas, je ne suis ni sicilien, ni gangster, j'explique juste que, si ça avait été le cas, je me serais sûrement laissé aller à plomber le malfaisant pour laver l'honneur de mon fils. D'ailleurs, je n'ai pas de fils non plus. Enfin comme quoi il est plus facile de se glisser dans la peau d'un truand que dans celle d'un prix Nobel de chimie ! Quand j'étais môme, mes copains voulaient devenir pompiers ou mécaniciens, moi, je me rêvais déjà dans la marge, en attaquant des trains avec les frères Dalton ou en pillant des banques avec James Cagney. Comme quoi, on ne se méfie jamais assez des enfants. Vous leur racontez une histoire avec des chevaliers et ils vous font exploser une grenade dans la poire avant que vous n'ayez eu le temps de finir !

Bon, je suis obligé de vous laisser, dans deux heures je me fais un fourgon blindé...

- Quand on a cinq cents millions dans sa poche, on est bien partout !

FICHE TECHNIQUE

RÉALISATION | HENRI VERNEUIL – SCÉNARIO | HENRI VERNEUIL, JOSÉ GIOVANNI ET PIERRE PELEGRI D'APRÈS LE ROMAN D'AUGUSTE LE BRETON
DIALOGUES | JOSÉ GIOVANNI – MUSIQUE | ENNIO MORRICONE – DURÉE | 117 MINUTES – DATE DE SORTIE | 5 DÉCEMBRE 1969

DISTRIBUTION

JEAN GABIN | ALAIN DELON | LINO VENTURA | IRINA DEMICK | AMEDEO NAZZARI | YVES LEFEBVRE | DANIELLE VOLLE | MARC POREL | PHILIPPE BARONNE | SYDNEY CHAPLIN | EDWARD MEEKS | ANDRÉ POUSSE...

LE DÎNER DE CONS

On est toujours le con d'un autre... Cette phrase a le don de m'énerver, car elle est souvent prononcée par des cons qui l'emploient pour justifier leur propre connerie. Je trouve que ce film est d'ailleurs très représentatif de ma réflexion sur le sujet. C'est très français d'étaler sa culture et de vouloir donner des leçons au monde entier. Dans la catégorie poids lourd de cette engeance, on trouve de nombreux présentateurs de télé, ce qui est un comble quand on constate la médiocrité de leurs émissions. C'est d'ailleurs l'une des raisons pour lesquelles mon poste reste de plus en plus muet à mesure que passent les saisons. J'aime beaucoup le style d'écriture de Francis Veber. Je pense que *Le Dîner de cons* est son chef-d'œuvre, une mécanique parfaite tant au niveau du scénario que des dialogues. Et puis, cerise sur le gâteau, les acteurs sont éblouissants, ce qui finalement n'est pas une surprise quand on voit la qualité de la distribution. Il m'est arrivé un jour de me retrouver dans un dîner de cons, où j'étais censé être la victime. Ce fut un régal pour moi, car l'assistance était gratinée. Un prof, deux postiers, une avocate, un chef d'entreprise et une pharmacienne. Tout ce beau monde avait décidé que le rocker allait distraire l'assemblée. La soirée se déroula au-delà de leurs espérances, mais pas dans le sens qu'ils l'entendaient. Après avoir mis un cirque infernal et collé une claque à l'un des postiers, j'ai pris congé, non sans leur avoir servi un monologue sur les qualités humaines de chacun. Il m'arrive aussi parfois de prendre les gens pour des cons, mais j'essaie de plus en plus d'être sûr de moi quand je qualifie une rencontre fortuite de ce doux sobriquet. Je n'ai pas la prétention d'être parfait, mais j'ai celle de ne pas être un con.

- Il s'appelle Juste Leblanc, ah bon, il n'a pas de prénom ?

FICHE TECHNIQUE

RÉALISATION | FRANCIS VEBER
SCÉNARIO – ADAPTATION – DIALOGUE | FRANCIS VEBER
MUSIQUE | VLADIMIR COSMA
CHANSON GÉNÉRIQUE | ''LE TEMPS NE FAIT RIEN À L'AFFAIRE'' DE GEORGES BRASSENS
DURÉE | 77 MINUTES
DATE DE SORTIE | 15 AVRIL 1998

DISTRIBUTION

JACQUES VILLERET | THIERRY LHERMITTE | FRANCIS HUSTER | DANIEL PRÉVOST | ALEXANDRA VANDERNOOT | CATHERINE FROT...

ANECDOTES SUR LE FILM

Le personnage de François Pignon est récurrent dans les œuvres de Francis Veber.

C'est le deuxième personnage à apparaître plusieurs fois dans l'œuvre de Veber, après François Perrin interprété tour à tour par Pierre Richard (Le Grand Blond avec une chaussure noire, Le Jouet, La Chèvre)*, Patrick Dewaere* (Coup de tête) *et Patrick Bruel* (Le Jaguar).

On a songé à Gérard Depardieu au lieu de Thierry Lhermitte pour jouer le rôle de Pierre Brochant. Dinner for Schmucks *est un remake américain réalisé par Jay Roach, sorti en salles le 30 juillet 2010 aux États-Unis.*

Steve Carell interprète le rôle du "con" et Paul Rudd celui de l'hôte.

Un film indien, Bheja Fry*, est fondé sur ce film. Réalisé par Sagar Ballary, l'histoire reste la même, bien que des détails aient changé pour adapter le film au contexte indien.*

LES TONTONS FLINGUEURS

Tout a été dit ou presque sur ce monument de la comédie policière, façon Lautner. Cette perle, comme le bon vin, se bonifie en vieillissant, et à chaque visionnage le plaisir des yeux et des oreilles est de plus en plus important.

Toutes générations confondues, ce film fait l'unanimité où presque. Il reste bien quelques possédés nombrilistes adeptes du cinéma soporifique pour en dire du mal. Et encore, force est de constater qu'une grande partie de ceux qui vilipendèrent les *Tontons* à sa sortie sont d'accord aujourd'hui pour en dire le plus grand bien. Comme quoi, pour ne pas paraître ridicule, certains opportunistes sont prêts à se renier et à se contredire comme tout bon politicien qui se respecte (enfin, façon de causer). Mais laissons de côté tous ces besogneux de la culture redondante et emmerdifiante et revenons à nos *Tontons*.

Juste pour terminer et sans aucune prétention, je dirai que ce chef-d'œuvre est au cinéma ce qu'Elvis est au rock'n'roll, Dean Martin à la chanson de charme, le bourgogne à l'ivresse, la potée auvergnate et le petit salé aux lentilles à tout amateur de sérieux en matière de repas conviviaux.

- Les cons, ça ose tout, c'est même à ça qu'on les reconnaît !

FICHE TECHNIQUE

RÉALISATION | GEORGES LAUTNER
SCÉNARIO | ALBERT SIMONIN, D'APRÈS SON ROMAN *GRISBI OR NOT GRISBI*
DIALOGUES | MICHEL AUDIARD
MUSIQUE | MICHEL MAGNE
DURÉE | 106 MINUTES
DATE DE SORTIE | 27 NOVEMBRE 1963

DISTRIBUTION

LINO VENTURA | BERNARD BLIER | FRANCIS BLANCHE | SABINE SINJEN | CLAUDE RICH | ROBERT DALBAN | JEAN LEFEBVRE | HORST FRANK | VENANTINO VENANTINI | MAC RONAY | CHARLES RÉGNIER | PIERRE BERTIN | JACQUES DUMESNIL | PAUL MERCEY | DOMINIQUE DAVRAY | HENRI COGAN | GEORGES NOJAROFF...

ANECDOTES SUR LE FILM

Michel Audiard pensait que la scène de la cuisine n'était pas indispensable, et elle faillit ne jamais voir le jour. Georges Lautner voulut absolument qu'elle y soit en hommage à Key Largo, *polar avec Bogart, dans lequel on voit des gangsters évoquer avec nostalgie le bon temps de la prohibition.*

"Le Terminus des prétentieux" fut envisagé un temps, comme titre, mais on lui préféra Les Tontons flingueurs. *Il apparaîtra façon clin d'œil sur la devanture d'un cinéma dans* Flic ou Voyou *de Georges Lautner.*

Pour tenir le rôle de Fernand Naudin, on pensa à Jean Gabin, mais comme il souhaitait imposer son équipe de techniciens, il ne fut pas retenu. On demanda à Paul Meurisse, mais celui-ci déclina le rôle pour raisons de santé. Il apparaît toutefois quelques secondes dans la scène finale.

À l'époque, le film n'obtint pas un grand succès populaire. En six mois, il ne déplaça que 450 000 spectateurs dans Paris et sa périphérie, ce qui sans être mauvais n'a rien d'exceptionnel. Heureusement, sa réputation n'a fait que croître au fil des années et il est depuis passé de très nombreuses fois à la télévision et a fait un carton lors de sa sortie en DVD.

Par contre, la critique se déchaîna contre le film et en particulier Henry Chapier, jamais avare pour raconter n'importe quoi et se distinguer en prouvant encore une fois sa grande médiocrité quant à ses goûts cinématographiques.

Three Kings

LES AVENTURES DE RABBI JACOB

Après la Seconde Guerre mondiale, Gérard Oury s'est attaqué une nouvelle fois à deux sujets délicats : le racisme et l'antisémitisme. Comme d'habitude, il a choisi le ton de la comédie pour traiter son histoire. Le personnage interprété par de Funès est un raciste ordinaire, empêtré dans ses stupides certitudes. Nous assistons à un déferlement de gags au milieu d'une histoire d'enlèvement et de terrorisme international.

Je ne suis pas certain qu'aujourd'hui on pourrait refaire ce film sans déclencher une levée de boucliers et de procès. En effet, depuis quelques années, un nouveau métier a pris place dans les médias, celui "d'indigné public". Ces toréadors de la polémique sont à l'affût du moindre mot, de la moindre phrase, prêts à fondre sur le maladroit du jour avec la ténacité des pilotes japonais sur Pearl Harbor. On ne peut plus plaisanter sur certaines choses sans risquer le procès, la lapidation en place publique ou l'excommunication ! Et le plus drôle dans tout ça, c'est que bien souvent les instigateurs de ces lynchages médiatiques sont les premiers à parler de tolérance et de liberté d'expression.

Il faut quand même dire que *Rabbi Jacob* a subi à sa sortie quelques critiques véhémentes et le jour même de son apparition sur les écrans, la femme du publicitaire du film a détourné un Boeing 727 sur l'aéroport de Marignane pour protester contre le prétendu côté anti-palestinien du scénario. L'incident se terminera mal puisqu'elle sera abattue par les forces de l'ordre. En attendant, je ne me lasse pas de la scène où de Funès déguisé en rabbin entame une danse hassidique. J'aime beaucoup le personnage d'Henri Guybet, un acteur sympathique méprisé par l'intelligentsia, mais fort apprécié des spectateurs. Il m'a beaucoup fait rire dans les deux épisodes de la *7e Compagnie*, où il apparaît dans un des trois rôles principaux. *Rabbi Jacob* est une superbe comédie, traînant un joli parfum d'humanisme derrière elle. Encore bravo, monsieur Oury !

- Vous êtes juif ? Comment, Salomon, vous êtes juif ?

FICHE TECHNIQUE

RÉALISATION | GÉRARD OURY
SCÉNARIO | GÉRARD OURY, DANIÈLE THOMPSON, JOSY EISENBERG, ROBERTO DE LEONARDIS
DIALOGUES | GÉRARD OURY, JOSY EISENBERG
MUSIQUE | VLADIMIR COSMA
DURÉE | 100 MINUTES
DATE DE SORTIE | 18 OCTOBRE 1973

DISTRIBUTION

LOUIS DE FUNÈS | CLAUDE GIRAUD | SUZY DELAIR | MARCEL DALIO | RENZO MONTAGNANI | HENRI GUYBET | CLAUDE PIÉPLU | MIOU-MIOU...

ANECDOTES SUR LE FILM

Le 6 octobre 1973, quelques jours avant la sortie du film, la guerre du Kippour éclatait au Proche-Orient entre Israël et les pays arabes voisins.

Marcel Dalio, l'interprète de Rabbi Jacob, avait dû fuir Paris en 1940, car son portrait figurait sur des affiches nazies qui étaient censées représenter le "Juif typique".

La rue des Rosiers, cœur du vieux quartier juif du Marais à Paris, où ont lieu plusieurs scènes mémorables du film (notamment la fameuse danse hassidique) a été reconstituée en studio.

C'est le dernier film que tournèrent ensemble Gérard Oury et Louis de Funès. Ils devaient se retrouver en 1975 pour Le Crocodile. *Mais, peu de temps avant le début du tournage, Louis de Funès dut abandonner le projet, à la suite de deux infarctus.*

En 1982, ce projet fut à nouveau d'actualité, mais Louis de Funès décéda le 27 janvier 1983.

TAXI

LA CUISINE AU BEURRE

Dans ce film que l'on pourrait presque qualifier d'intimiste, si je n'avais pas peur de vous faire fuir en hurlant que je suis un blasphémateur, il n'y pas d'action et de poursuites échevelées. Juste la confrontation de deux monstres sacrés du cinéma. L'un, Bourvil, est un Normand, homme pragmatique de la terre, et l'autre, Fernandel, représente le Marseillais insouciant et roublard. *La Cuisine au beurre* fait partie de ces films que l'on prend plaisir à voir et à revoir, car cette comédie dégage une véritable atmosphère et une joie de vivre très communicative. Et puis la confrontation de deux styles de cuisine différents est réjouissante, surtout pour quelqu'un comme moi qui adore les spécialités du terroir, de tous les terroirs, du moment que ça vient flatter mes papilles gustatives. Il est vrai que depuis une trentaine d'années le culte de la bonne bouffe a pris du plomb dans l'aile. La résistance s'organise, mais il est de plus en plus difficile de trouver de bons produits. Et puis les prix ont flambé, à se demander si dans un demi-siècle il ne faudra pas faire un emprunt pour acheter un kilo de tomates ! Pour une partie de la population, la sortie au restaurant se limite au fast-food du coin, où l'on mange des choses bizarres dans un décor qui ferait passer les colonnes de Buren pour le phare d'Alexandrie. Ce que j'aime dans le film de Gilles Grangier, c'est qu'à la fin de chaque visionnage je me précipite dans ma cuisine pour essayer de me concocter un bon petit plat. Cette histoire de rivalité amoureuse et culinaire m'inspire dans tous les sens du terme, mais pour éviter de choquer les âmes sensibles je me contenterai d'évoquer sobrement le beurre et la crème.

- Qui c'est les patrons ici, c'est nous !

FICHE TECHNIQUE

RÉALISATION | GILLES GRANGIER
SCÉNARIO | JEAN MANSE, PIERRE LÉVY-CORTI, JEAN LEVITTE
DIALOGUES | RAYMOND CASTANS
MUSIQUE | JEAN MARION
DURÉE | 82 MINUTES
DATE DE SORTIE | 20 DÉCEMBRE 1963

DISTRIBUTION

FERNANDEL | BOURVIL | CLAIRE MAURIER | ANDREX | MAG AVRIL | EDMOND ARDISSON | HENRI ARIUS...

ANECDOTES SUR LE FILM

Bourvil avait depuis son enfance une énorme admiration pour Fernandel. Il a d'ailleurs commencé sa carrière comme chanteur en interprétant des chansons de celui-ci dans des radio-crochets. La Cuisine au beurre *est le seul film où les deux comédiens eurent le plaisir de jouer ensemble. Pour la promo du film, la production donnait sa recette : "Avec* La Cuisine au beurre, *nous assistons au mariage de la roublardise normande et de la galéjade marseillaise."*

Comme pourrait l'expliquer Paul Bocuse, voici la recette pour faire un film capable de satisfaire les spectateurs qui veulent rire au cinéma :

Vous graissez la poêle avec une noix d'accent normand. Vous jetez une pincée d'herbes provençales. Lorsque ça rissole, vous prenez un Fernandel et un Bourvil de la bonne année que vous placez côte à côte et vous laissez mijoter avec un grand verre de soleil, et beaucoup d'ail. Vous ajoutez quelques jolies femmes, une poignée de bonne humeur et après avoir incorporé une pincée de musique pleine de couleurs, vous servez chaud ce plat que vous baptiserez La Cuisine au beurre.

NE NOUS FÂCHONS PAS

Voici ce qu'on appelle de la belle ouvrage, sans aucune fausse note. J'ai déjà beaucoup écrit et discuté sur ce film, mais je ne m'en lasse pas. Et puis il y a la très belle Mireille Darc, qui, dans ce spectacle, est particulièrement radieuse. Je l'adore, quand Lino Ventura lui dit : "On a toujours tendance à prendre les bruns trapus pour des gangsters, mais c'est un préjugé idiot" et qu'elle lui répond en prenant un air mutin : "J'en connais un autre qui consiste à prendre les grandes blondes pour des imbéciles !" C'est du Michel Audiard pur jus. Le film est parsemé de répliques fracassantes qui lui donnent un parfum à faire pâlir de jalousie Jean-Baptiste Grenouille. Ce qui est magique dans *Ne nous fâchons pas*, c'est que les vedettes n'ont rien en commun avec les Beatles ou Elvis Presley (si ce n'est le talent), et pourtant nous assistons à un vrai film rock'n'roll. Le résultat de la magie opérée par Georges Lautner qui a toujours aimé la jeunesse et respecté ses goûts. Lui et les personnes qui composaient son équipe (avec qui il formait une vraie famille) étaient de véritables allumés et j'aurais vraiment voulu faire partie de la bande à cette époque. Aujourd'hui, j'appartiens au cercle rapproché de Georges et je me régale, quand pendant de sévères apéros sur sa terrasse, il me raconte ses tournages, ses amitiés, ses délires et sa vie. Comme je l'ai déjà dit, il est à l'image de ses meilleurs films : drôle, humain, explosif, d'une mauvaise fois effarante, généreux et d'une grande gentillesse.

- Le flinguer comme ça de sang-froid, sans être tout à fait de l'assassinat, y aurait quand même comme un cousinage !

FICHE TECHNIQUE

RÉALISATION | GEORGES LAUTNER
SCÉNARIO | MICHEL AUDIARD, MARCEL JULLIAN, GEORGES LAUTNER, JEAN MARSAN
DIALOGUES | MICHEL AUDIARD
MUSIQUE | BERNARD GÉRARD
DURÉE | 100 MINUTES
DATE DE SORTIE | 20 AVRIL 1966

DISTRIBUTION

LINO VENTURA | JEAN LEFEBVRE | MICHEL CONSTANTIN | MIREILLE DARC | TOMMY DUGGAN | MARCEL BERNIER | THIERRY THIBAUD | ANDRÉ POUSSE | MICK BESSON | ROBERT DALBAN | SERGE SAUVION...

ANECDOTES SUR LE FILM

Serge Sauvion, qui interprète ici le commissaire, est surtout connu pour son doublage de l'acteur Peter Falk dans la version française de la série policière Columbo.

Pour la scène du pont, Georges Lautner profita de la destruction du pilier central du viaduc de Malvan, vestige de la ligne de chemin de fer Nice-Meyrargues situé à proximité de Saint-Paul-de-Vence. Cet ouvrage de 190 m de long et de 6,40 m de large permettait le passage du tramway, des véhicules et des piétons. Construit à partir de 1907, achevé en 1912, il fut détruit le 27 août 1944. Seul le pilier central résista à l'explosion. Il est resté en place jusqu'à sa destruction le 27 mars 1966 par le génie civil.

Les droits du morceau "Gloria" de Them (à noter aussi une excellente version des Shadows of Knight) étant trop onéreux, Georges demanda à Bernard Gérard et à Graeme Allwright de s'y coller. Le résultat fut la superbe mais néanmoins parodique chanson "Akou" qui servit pour le générique de fin.

De toute façon, toute la musique du film est somptueuse.

LE MONOCLE RIT JAUNE

Cette parodie du film d'espionnage est un grand moment de déconnade, aussi bien dans le scénario que dans la manière dont les acteurs interprètent leurs personnages. Paul Meurisse est certainement l'un des comédiens les plus classieux qu'il y ait eu dans le cinéma français. C'est d'ailleurs ce qui fait une partie du charme de la série du *Monocle*, un comédien stylé, voire classique, qui se met complètement à contre-emploi en jouant les barbouzes farfelus et décalés. Pourtant ça ne l'empêche pas d'être très efficace quand il s'agit d'éradiquer ses ennemis, avec une manière bien à lui de sautiller en faisant usage de son calibre. J'ai deux passages favoris dans ce film : tout d'abord celui où Robert Dalban, Marcel Dalio et Paul Meurisse chantent “J'irai revoir ma Normandie”. Je ne me lasse pas de ce moment de music-hall, où la dérision atteint un sommet fort élevé. Et puis il y a aussi la scène où un gang asiatique entame un ballet à la façon de la bande des Jets dans *West Side Story* de Robert Wise. Dans la vie de tous les jours Lautner est un homme qui ne se prend jamais au sérieux et qui adore jouer la dérision et la provocation quel que soit le sujet que nous abordons. Je vous garantis que cela peut donner lieu à de grandes joutes verbales que n'aurait pas renié son ami Michel Audiard. Ces deux-là en ont pris plein la tronche par les critiques et en particulier par Henri Chapier. Je veux tirer un coup de chapeau à ce précieux ridicule, car, systématiquement, quand il descendait un film, je m'empressais de le voir. Comme quoi, ce médiocre plumitif aura bien malgré lui servi à quelque chose.

- Mon nom de baptême est Théobald, je vous autorise à m'appeler mon commandant !

FICHE TECHNIQUE

RÉALISATION | GEORGES LAUTNER
SCÉNARIO | ALBERT KANTOF, JACQUES ROBERT, COLONEL RÉMY
DIALOGUES | ALBERT KANTOF, GEORGES LAUTNER, JACQUES ROBERT
MUSIQUE | MICHEL MAGNE
DURÉE | 100 MINUTES
DATE DE SORTIE | NOVEMBRE 1964

DISTRIBUTION

PAUL MEURISSE | ROBERT DALBAN | MARCEL DALIO | OLIVIER DESPAX | BARBARA STEELE | EDWARD MEEKS | PIERRE RICHARD | MICHEL DUPLEIX | RENÉE SAINT-CYR | HOLLEY WONG...

ANECDOTES SUR LE FILM

Ce fut le troisième et le dernier de la série, après Le Monocle noir *et* L'Œil du Monocle.

Marcel Dalio chante avec Paul Meurisse et Robert Dalban “J'irai revoir ma Normandie”. Il fera une prestation comparable dans Les Aventures de Rabbi Jacob, *où, tenant le rôle-titre, il chantera “J'irai revoir ma Normandie” dans un taxi qui le conduit à l'aéroport de New York. En forme de clin d'œil, Lino Ventura fait une courte apparition dans le film.*

Georges Lautner fut très énervé par l'attitude méprisante que Paul Meurisse afficha à l'égard de sa partenaire Barbara Steele pendant le tournage. L'acteur n'avait manifestement pas apprécié que la partie italienne de la production l'oblige à partager l'affiche avec une comédienne spécialisée dans le cinéma d'épouvante. Les deux hommes ne devaient plus jamais retravailler ensemble. Georges déteste l'injustice, ce qui ne l'empêche pas en privé de dire toute l'admiration qu'il avait pour l'acteur qui joua trois fois son Monocle.

LES GRANDES GUEULES

José Giovanni, pseudonyme de Joseph Damiani, d'origine corse, est né le 22 juin 1923 et mort à Lausanne (Suisse) le 24 avril 2004. Pendant l'occupation et à la Libération, il fréquente le "milieu" de Pigalle, et trempe dans une affaire de racket. Les choses tournent mal, et il est condamné à mort en 1948. Il échappe de peu à la guillotine. Il est gracié par le président Auriol, sa peine étant commuée en vingt ans de travaux forcés. Il sort de prison en décembre 1956 et est réhabilité en 1986 après un nouveau procès. À trente-trois ans, il écrit son premier roman, *Le Trou*, qui raconte sa tentative d'évasion faite avec d'autres détenus. En 1958, Marcel Duhamel le fait entrer à la Série noire, où il se fait d'emblée remarquer par la publication de trois romans sortis la même année. Le succès de ses romans noirs le conduit vers le cinéma et, en 1959, Jacques Becker lui propose d'être conseiller technique et scénariste pour l'adaptation de son roman *Le Trou*. C'est le début d'une carrière cinématographique au cours de laquelle il sera tour à tour auteur, acteur, réalisateur et scénariste. José Giovanni a écrit vingt romans, deux livres de souvenirs dont *Mes Grandes Gueules*, trente-trois scénarios et réalisé quinze films et cinq téléfilms. Giovanni écrit des histoires d'hommes ; il faut bien reconnaître que dans toute son œuvre les personnages féminins ont rarement eu une place privilégiée. José n'est pas un simple raconteur comme beaucoup d'écrivains qui couchent sur le papier des polars sans avoir jamais vécu la moindre péripétie dans leur vie de tous les jours, ce qui d'ailleurs n'enlève rien au talent de certains. Il connaît la rue, les voyous et la violence qui accompagne souvent leur quotidien, ce qui rend son œuvre encore plus attachante et plus intéressante. Dans *Les Grandes Gueules*, une bande de repris de justice vient travailler dans une scierie dirigée par Bourvil, le seul personnage honnête des principaux protagonistes de cette histoire. Ici pas de règlements de comptes sanglants, juste une tentative de vengeance, orchestrée par des histoires d'amitiés viriles et des bagarres mémorables. Nous sommes dans un film bourré d'oxygène qui se passe au milieu des forêts vosgiennes, où la nature magnifique peut se montrer bien plus dangereuse que les hommes. Une fois de plus, les acteurs, et en particulier Ventura et Bourvil, emportent le morceau, et font que *Les Grandes Gueules* sont devenues un des grands classiques du cinéma français d'aventures des années soixante. Dans des rôles secondaires, on retrouve toute une galerie de gueules qui ont fait le bonheur du cinéma de cette époque-là. Je terminerai en rendant hommage au comédien Jean-Claude Rolland (qui interprète le pote avec lequel Ventura arrive à la scierie) qui s'est suicidé le 10 avril 1967.

- Vous êtes peut-être bien le fils du vieux Léonard ?

FICHE TECHNIQUE

RÉALISATION | ROBERT ENRICO – SCÉNARIO | JOSÉ GIOVANNI ET ROBERT ENRICO, D'APRÈS LE ROMAN *LE HAUT-FER* DE JOSÉ GIOVANNI
DIALOGUES | JOSÉ GIOVANNI – MUSIQUE | FRANÇOIS DE ROUBAIX – DURÉE | 128 MINUTES – DATE DE SORTIE | 22 OCTOBRE 1965

DISTRIBUTION

BOURVIL | LINO VENTURA | JEAN-CLAUDE ROLLAND | JESS HAHN | MARIE DUBOIS | MICHEL CONSTANTIN | NICK STEPHANINI | PAUL CRAUCHET...

LA CAGE AUX FOLLES

Quand on voit les extraits de la pièce avec Jean Poiret, on ne peut que fulminer en pensant que cette dernière n'a jamais été filmée entièrement. Dire que n'importe quelle émission de télé-réalité est dans les archives et pas ce petit chef-d'œuvre, il y a vraiment de quoi grimper aux arbres sans échelle. En revoyant le film, il faut se rendre à l'évidence que c'est le personnage de Zaza Napoli qui porte toute l'histoire sur ses fragiles épaules. D'ailleurs, quelle performance ! Qui aurait pu dire que le Michel Serrault, qui a cachetonné dans des nanars tout au long des années soixante, allait devenir une énorme star et l'un des plus grands acteurs français de tous les temps ? Comme quoi, il suffit de donner des choses de qualité aux gens pour qu'ils se transcendent, enfin pour ceux qui à la base sont pétris de talent. C'est l'immense Pierre Mondy qui fait la voix française d'Ugo Tognazzi. Il était très ami avec Poiret et Serrault. Ce fut d'ailleurs lui le premier qui mit en scène la pièce. En effet, ce monsieur, non content d'être un excellent acteur, est aussi un fantastique metteur en scène de théâtre. Une des choses qui me fait vraiment rire dans cette histoire, au-delà des délires des deux principaux protagonistes, c'est la tête que fait Michel Galabru dans ses apparitions. Je suis persuadé que certains "indignés publics" (homosexuels ou pas) ont vu dans ce film une virulente attaque homophobe. Moi je vois juste une comédie sympathique et fort drôle qui traite son sujet avec tellement d'humour qu'il faut vraiment avoir l'esprit mal placé pour y voir autre chose. Et de toute façon, si ce film avait été une critique hargneuse et un pamphlet discriminatoire contre l'homosexualité, jamais mon camarade et moi ne l'aurions choisi pour qu'il figure dans cet ouvrage. Nous n'avons pas que des amis hétéros et nous n'avons pas non plus la prétention de porter le moindre jugement sur la sexualité des gens.

- Adieu, Renato !

FICHE TECHNIQUE

RÉALISATION | ÉDOUARD MOLINARO
SCÉNARIO | D'APRÈS LA PIÈCE DE JEAN POIRET
ADAPTATION ET DIALOGUES | JEAN POIRET, FRANCIS VEBER, MARCELLO DANON, ÉDOUARD MOLINARO
MUSIQUE | ENNIO MORRICONE
DURÉE | 103 MINUTES
DATE DE SORTIE | 25 OCTOBRE 1978

DISTRIBUTION

UGO TOGNAZZI (VF : PIERRE MONDY) | MICHEL SERRAULT | MICHEL GALABRU | BENNY LUKE | RÉMI LAURENT | CARMEN SCARPITTA | LUISA MANERI | CLAIRE MAURIER | VENANTINO VENANTINI....

ANECDOTES SUR LE FILM

Michel Serrault obtint le César du meilleur acteur en 1979. Il en obtint deux autres par la suite, en 1982 et 1996.

Le succès de la pièce fut énorme. Hélas, elle ne fut jamais filmée dans son intégralité ! Les producteurs français refusèrent de l'adapter sous forme de film. C'est pour cette raison que le film est une production italienne, et que sa distribution est composée de nombreux acteurs italiens. Le film remporta un beau succès commercial. Il a été nommé trois fois aux Oscars (meilleur réalisateur, meilleurs costumes et meilleure adaptation), mais n'en a remporté aucun.

Deux suites furent tournées : La Cage aux folles II *en 1980 (réalisée par Édouard Molinaro) et* La Cage aux folles III *en 1985 (réalisée par Georges Lautner). Un remake américain,* The Birdcage, *fut réalisé par Mike Nichols en 1996, avec Robin Williams et Gene Hackman.*

LA GRANDE VADROUILLE

A priori, la guerre n'est pas un sujet comique, et en particulier celle de 39-45, où l'horreur a quand même dépassé toutes les limites. Et pourtant, Gérard Oury, en cette année 1966, a réussi avec son film à faire hurler de rire des millions de Français. Comme quoi, avec beaucoup de talent, on peut se permettre énormément de choses. D'ailleurs, à aucun moment le film ne sombre dans le graveleux où l'anti-allemand primaire. En même temps, on n'avait pas demandé à ces gens-là de prendre pendant quelques longues années l'Hexagone pour un camp de vacances. Hormis un scénario, une mise en scène et des dialogues impeccables, c'est l'interprétation magique de tous les protagonistes du film qui transforme cette brillante comédie en chef-d'œuvre. J'ai dû voir *La Grande Vadrouille* une douzaine de fois et je ne m'en lasse pas. Au contraire, à chaque visionnage, je prends toujours un pied d'enfer. Et puis, j'ai mes scènes cultes que j'attends avec un sourire béa, tel un gosse qui découvre que ses chaussures sont pleines de jouets le matin de Noël. Il y a celle du bain public avec the "big moustache" et la célèbre ritournelle punk "Tea for Two", celle du repas allemand où les envahisseurs teutons tournent autour de la table en chantant une chanson qui ferait passer celles de Diam's pour du Chateaubriand, ou encore celle de l'échange des chaussures entre les deux magnifiques. Et puis, la nuit dans l'auberge avec les ronflements de l'amateur de choucroute, le numéro de la porte qui change de position, la fringale de de Funès. Et pour moi, et surtout, c'est aussi le rire de mon grand-père un soir il y a bien longtemps, quand je n'avais pas encore compris qu'on peut faire autre chose avec les filles que leur tirer les cheveux.

- Vous chaussez du combien ? C'est du comme vous !

FICHE TECHNIQUE

RÉALISATION | GÉRARD OURY
ADAPTATION | GÉRARD OURY, DANIÈLE THOMPSON, MARCEL JULLIAN
DIALOGUES | GEORGES TABET, ANDRÉ TABET
MUSIQUE | GEORGES AURIC - ŒUVRES DE BERLIOZ EXÉCUTÉES PAR L'ORCHESTRE DE PARIS
DURÉE | 120 MINUTES
DATE DE SORTIE | FRANCE : 1ER DÉCEMBRE 1966

DISTRIBUTION

BOURVIL | LOUIS DE FUNÈS | TERRY-THOMAS | CLAUDIO BROOK | MIKE MARSHALL | MARIE DUBOIS | ANDRÉA PARISY | MARY MARQUET | COLETTE BROSSET...

ANECDOTES SUR LE FILM

On peut découvrir le planeur de la cascade finale à Albert dans la Somme au musée privé de l'Épopée aéronautique. La carcasse de la voiture ayant servi pour la cascade finale avec les planeurs est exposée près de l'aérodrome de Mende - Brenoux en Lozère.

Sorti en décembre 1966, le film a totalisé plus de dix-sept millions d'entrées. Il fut retenu pour une nomination étrangère aux Oscars en 1967.

Louis de Funès dirige la Marche hongroise *de Berlioz avec les vrais mouvements que doit avoir un chef d'orchestre. Pour cela, il a répété trois mois devant la glace de son salon et a pris quelques leçons avec le directeur de l'Orchestre national. À la fin de la première répétition, l'orchestre de l'Opéra se lève et l'acclame. Ces applaudissements étaient totalement improvisés.*

La scène durant laquelle Louis de Funès est sur les épaules de Bourvil n'était pas prévue à l'origine et fut de la pure improvisation. Mais elle eut tant de succès qu'elle servit pour la réalisation de l'affiche du film.

LES DISPARUS DE SAINT-AGIL

Les Disparus de Saint-Agil font partie de mon panthéon personnel. La première fois que j'ai vu ce ce film, je devais avoir dix ans et je m'en souviens encore. J'avais reçu un énorme choc émotionnel en le regardant et jusque-là, seuls *Les Trois Lanciers du Bengale* avec Gary Cooper et *La Révolte des dieux rouges* avec Errol Flynn m'avaient fait éprouver cette sensation. J'ai vu énormément de films traitant de la magie de l'enfance, mais celui-ci est pour moi le plus magnifique de tous. Tout d'abord, il y a ce pensionnat avec cette ambiance si particulière, le noir et blanc qui donne une atmosphère encore plus mystérieuse à l'ensemble. Puis il y a les trois héros, membres de la confrérie des Chiche-Capon, qui traînent la nuit dans une salle de classe où trône un squelette qu'ils ont surnommé Martin. Les gamins qui les interprètent sont formidables de naturel. On retrouve parmi eux le futur chanteur Mouloudji, dont on oublie trop souvent qu'il a fait une carrière remarquable au cinéma dans des films superbes comme *Nous sommes tous des assassins* et *Justice est faite* d'André Cayatte, *Rafles sur la ville* de Pierre Chenal ou encore *Les Inconnus dans la maison* d'Henri Decoin. Il retrouvera Christian-Jaque et ses deux copains Serge Grave et Jean Claudio un an plus tard en 1939 pour tourner dans *L'Enfer des anges* qui ne sortira qu'en 1941. On peut citer parmi les gosses Robert Rollis qui se fera connaître de la France entière dans les années soixante en étant l'un des six compagnons de Thierry la Fronde, mais qui fut aussi membre de la troupe des Branquignols de Robert Dhéry et Colette Brosset et l'un des interprètes fétiches des films de Robert Lamoureux. Parmi les acteurs qui jouent les personnages adultes, de très grands noms dont Michel Simon qui a marqué à tout jamais le 7e art avec sa gueule particulière, sa voix reconnaissable entre toutes et surtout son immense talent. J'envie ceux qui n'ont pas encore découvert les *Disparus*. De toute façon, je ne serai pas en reste car quoi qu'il arrive, Noël approche et je vais bientôt sortir le DVD de son armoire en espérant que le jour où je le regarderai, il neigera fort dehors.

- Salut Martin !

FICHE TECHNIQUE

RÉALISATION | CHRISTIAN-JAQUE
SCÉNARIO | JEAN-HENRI BLANCHON D'APRÈS LE ROMAN DE PIERRE VÉRY
DIALOGUES | JACQUES PRÉVERT
MUSIQUE | HENRI VERDUN
DURÉE | 100 MINUTES
DATE DE SORTIE | 1938

DISTRIBUTION

ERICH VON STROHEIM | MICHEL SIMON | ROBERT LE VIGAN | ARMAND BERNARD | AIMÉ CLARIOND | MARCEL MOULOUDJI | SERGE GRAVE | JEAN CLAUDIO | ROBERT ROLLIS | RENÉ GÉNIN | JACQUES DERIVES | MARTIAL RÈBE | PIERRE LABRY...

ANECDOTES SUR LE FILM

Une nouvelle adaptation du roman de Pierre Véry a été réalisée pour la télévision en 1990 par Jean-Louis Benoît avec Micheline Presle, Michel Galabru et Claude Melki.

Je ne sais pas si George Lucas a vu Les Disparus de Saint-Agil, *mais ce dont je suis sûr, c'est que le générique de* La Guerre des étoiles *est identique à celui de l'œuvre de Christian-Jaque.*

LE CERCLE ROUGE

Alain Delon a joué dont un nombre impressionnant de chefs-d'œuvre et en particulier avec le réalisateur du *Cercle rouge*. C'était la deuxième fois qu'il tournait avec Jean-Pierre Melville. Il avait commencé en 1967 avec *Le Samouraï*. Les deux hommes se retrouveront une dernière fois en 1972 sur *Un flic*, où pour la première fois l'acteur interpréta le rôle d'un policier. Au départ, Melville, à part Delon, avait pensé à une autre distribution. Ventura au lieu de Bourvil, Belmondo à la place de Gian Maria Volontè et Paul Meurisse dans le rôle du personnage d'Yves Montand. Même si la version originale me convient tout à fait, je reconnais que voir le film avec cet autre casting excite fortement mon imagination. Un fois de plus, nous sommes dans les sommets du polar dur et sans concession. Le passage où Montand, rongé par l'alcool, fait une crise de delirium tremens est très impressionnant, et me colle des frissons à chaque fois que je regarde *Le Cercle rouge*. Depuis une bonne vingtaine d'années, le cinéma français ne produit presque plus de films policiers, à part quelques ovnis comme *Nikita*, *36 Quai des Orfèvres*, *J'irai au paradis car l'enfer est ici*, *Le Cousin*, *Truands*, *La Mentale* ou *Max et Jérémie*. Ce ne sont pas les seuls, mais j'ai cité quelques-uns de ceux qui m'ont vraiment fait passer un bon moment. Dernièrement, on peut ajouter à cette liste *L'Immortel*. Il y a quelque temps, je suis tombé sur un documentaire traitant de la carrière de Bourvil et qui montrait le tournage d'une scène du *Cercle rouge*, où l'acteur, qui se savait condamné, se met à plaisanter et à chanter pendant une prise. Un instant de pure émotion, comme le cinéma de Melville.

- Ceux qui ont rendez-vous à l'intérieur de ce cercle ne manqueront pas de s'y retrouver pour y vivre ou pour y mourir !

FICHE TECHNIQUE

RÉALISATION | JEAN-PIERRE MELVILLE
SCÉNARIO | JEAN-PIERRE MELVILLE
DIALOGUES | JEAN-PIERRE MELVILLE
MUSIQUE | ÉRIC DEMARSAN,
DURÉE | 140 MINUTES
DATE DE SORTIE | 20 OCTOBRE 1970

DISTRIBUTION

ANDRÉ BOURVIL | GIAN MARIA VOLONTÈ | YVES MONTAND | FRANÇOIS PÉRIER | PAUL CRAUCHET | PAUL AMIOT....

ANECDOTES SUR LE FILM

La séquence du casse dure vingt-cinq minutes sans aucun dialogue, certainement un record en la matière. Les sept premières minutes ne comportent pas non plus de dialogues.

Le Mur de l'Atlantique *est le dernier film tourné par Bourvil, mais* Le Cercle rouge *est sorti après. Il fut post-synchronisé après le tournage du* Mur de l'Atlantique.

Dans Le Cercle rouge, *il interprète l'un de ses rares rôles dramatiques après* Le Miroir à deux faces *(1958) et* L'Arbre de Noël *(1969).*

Pour la première fois de sa carrière, il est crédité au générique avec son nom et son prénom : André Bourvil.

Melville signe ici un film d'hommes, au sens premier du terme, puisque aucun personnage féminin n'apparaît à l'écran.

Un remake américain, dont la réalisation aurait été confiée à John Woo, était prévu, mais pour l'instant le projet a été abandonné.

LES BARBOUZES

C'est ma parodie préférée des films d'espionnage. Il faut dire que le metteur en scène s'en est donné à cœur joie. Histoire délirante, éradication en masse d'une nuée d'Asiatiques vindicatifs, des agents secrets d'une excentricité poussée à l'extrême et le tout dans le cadre magnifique d'un château. Il ne faut surtout pas oublier la flamboyante Mireille Darc qui apporte charme et érotisme discret à cette histoire rocambolesque et complètement délirante. Et puis il y a Francis Blanche et sa folie furieuse et ça, c'est du lourd, du très lourd. Ce grand farfelu est né dans une famille d'artistes. Il forma, avec Pierre Dac, un duo auquel on doit de nombreux sketches dont le plus célèbre restera sans aucun doute "Le Sâr Rabindranath Duval" et un feuilleton radiophonique, "Malheur aux barbus !", diffusé sur Paris Inter. Les personnages et leurs aventures recommencèrent quelques années plus tard sur Europe 1, sous le titre "Signé Furax" .Toujours avec Pierre Dac, il créa le Parti d'en rire. Il réalisa de nombreux canulars téléphoniques qui furent diffusés régulièrement à la radio dans les années soixante. Il écrivit aussi des poèmes, des paroles de chansons comme "Débit de l'eau, débit de lait" que chanta Charles Trenet. Il a tourné dans de nombreux films où il est souvent intervenu aussi comme scénariste et dialoguiste. Sa composition la plus populaire est celle du commandant Obersturmführer Schulz avec Brigitte Bardot comme partenaire dans *Babette s'en va-t-en guerre*. Son film le plus connu est sans aucun doute *Les Tontons flingueurs* de Georges Lautner qu'il retrouva pour *Les Barbouzes*. Il est mort très jeune (cinquante-deux ans) d'une crise cardiaque. J'avais envie de parler de cet immense artiste, car je porte à ce doux dingue une véritable affection. *Les Barbouzes* est un ovni dans le cinéma français et surtout l'œuvre d'un immense cinéaste qui a eu la chance de faire du cinéma à une époque où les acteurs de génie se ramassaient à la pelle.

- Un barbu c'est un barbu, trois barbus c'est des barbouzes !

FICHE TECHNIQUE

RÉALISATION | GEORGES LAUTNER
SCÉNARIO | ALBERT SIMONIN, MICHEL AUDIARD
DIALOGUES | MICHEL AUDIARD
MUSIQUE | MICHEL MAGNE
DURÉE | 105 MINUTES
DATE DE SORTIE | 10 DÉCEMBRE 1964

DISTRIBUTION

LINO VENTURA | BERNARD BLIER | CHARLES MILLOT | FRANCIS BLANCHE | MIREILLE DARC | ANDRÉ WEBER | JESS HAHN | NOËL ROQUEVERT | ROBERT DALBAN | PHILIPPE CASTELLI....

ANECDOTES SUR LE FILM

Georges Lautner a choisi de faire une comédie parodique, volontairement outrancière et sans aucun souci de vraisemblance.

La réussite de l'agent français et les références au général de Gaulle lui donnent un côté franchouillard fortement imprégné d'une insolence à peine déguisée.

Le film a été tourné un an après Les Tontons flingueurs *et il sera suivi par* Ne nous fâchons pas *en 1965. Il semblerait que le comédien Jacques Balutin (grand adepte de la petite reine) ait interprété un rôle de gendarme lors du tournage, mais sa prestation a été supprimée au montage.*

Le film a été tourné, en partie, au château de Vigny.

LE CORNIAUD

C'est le premier film, hors dessins animés, que j'ai vu au cinéma, le deuxième fut *Les Professionnels* de Richard Brooks (réalisateur important pour moi car il réalisa en 1955 *Graine de violence* avec *Rock around the clock* comme musique). Mes parents m'emmenèrent donc assister à la projection de cette perle du cinéma comique, et même si cela s'est passé il y a bien longtemps, je me revois encore, entrant presque tremblant dans la salle. C'est un bon souvenir d'enfance qui a certainement contribué à ma passion de raconter des histoires pour distraire les gens. Le film commence fort, avec le célèbre accident où la 2 CV de Bourvil est pulvérisée par la Bentley de Louis de Funès, et puis tout s'enchaîne à une vitesse infernale. Pas de temps mort, une quantité impressionnante de gags et des acteurs qui en font des tonnes pour le plus grand bonheur du spectateur. D'ailleurs, dans la distribution, il faut noter la présence de Venantino Venantini qui deux ans auparavant jouait le garde du corps de Lino Ventura dans *Les Tontons flingueurs* de Georges Lautner. Pour son scénario, Gérard Oury s'est inspiré des mésaventures d'un présentateur de la télévision française, qui fut arrêté en 1962 aux États-Unis, au volant d'une Buick qui venait de France et dans laquelle plus de cinquante kilos d'héroïne pure avaient été dissimulés. Comme quoi, dans la petite lucarne, rien n'a changé, sauf que maintenant certains se la collent dans le nez au lieu de la convoyer. On peut dire que le transport nasal a remplacé le transport routier ! Moi qui suis un enfant de la télé, je dois bien avouer que plus les saisons passent plus grandit l'envie de balancer mon poste dans l'écluse de Bougival. Heureusement que certaines chaînes continuent de programmer *Le Corniaud* et autres friandises, ça doit être ce qui me retient.

- Ben maintenant, elle va marcher beaucoup moins bien, forcément !

FICHE TECHNIQUE

RÉALISATION | GÉRARD OURY
SCÉNARIO | GÉRARD OURY
ADAPTATION | GÉRARD OURY, MARCEL JULLIAN
DIALOGUES | GEORGES TABET, ANDRÉ TABET
MUSIQUE | GEORGES DELERUE
DURÉE | 105 MINUTES
DATE DE SORTIE | 24 MARS 1965

DISTRIBUTION

BOURVIL | LOUIS DE FUNÈS | VENANTINO VENANTINI | HENRI GÉNÈS | BEBA LONCAR | SARO URZÌ | ALIDA CHELLI | LANDO BUZZANCA | JACK ARY...

ANECDOTES SUR LE FILM

Oury imagina la scène de douche, où de Funès compare sa musculature avec celle de l'ex-catcheur Robert Duranton, car, après la projection des premiers rushes, l'acteur trouva qu'il n'était pas assez présent à l'écran et le fit savoir.

La 2 CV était équipée de 250 boulons électriques afin qu'elle se disloque au moment voulu. Lorsque Bourvil dit : "Elle va marcher beaucoup moins bien, forcément", juste après l'accident, on voit de Funès baisser la tête pour rire. Cette réplique n'était pas prévue et cette scène aurait difficilement été rejouable, ce qui aurait dû être le cas si de Funès n'avait pas eu la présence d'esprit de se dissimuler le visage.

Avec 11,74 millions d'entrées, le film fut n°1 au box-office en 1965. Lors du Festival de Cannes de 1965, les Américains proposèrent à Gérard Oury et à son producteur de réaliser et de produire un remake avec Dean Martin et Jack Lemmon. Malgré une offre importante, les Français refuseront.

LE DEUXIÈME SOUFFLE

Melville est considéré comme un cinéaste de la nouvelle vague, ce qui pour moi est une hérésie. Car en ce qui me concerne, “nouvelle vague” rime avec ennui et nombrilisme. Ce qui ne m'empêche pas d'adorer *À bout de souffle* de Godard. En effet, même dans ses films les plus austères, Melville dégage une telle intensité et une telle émotion qu'on ne peut rester indifférent en les regardant. *Le Doulos* et *L'Aîné des Ferchaux* réalisés juste avant *Le Deuxième Souffle* étaient déjà précurseurs d'un changement de style chez le metteur en scène. Son œuvre devient plus grand public tout en restant très personnelle dans la façon épurée qu'il a de traiter ses personnages et son histoire. Au début du film, le monologue de Paul Meurisse, lorsque qu'il intervient après un flingage, reste un morceau d'anthologie du dialogue à l'écran. À ce propos, le bruit a circulé pendant longtemps que c'était Michel Audiard qui avait dialogué ce passage. Un jour, alors que je déjeunais avec José Giovanni, il me certifia que c'est lui qui avait écrit les dialogues du *Deuxième Souffle* du début jusqu'à la fin. De toute façon, peu importe, ces deux grands artistes sont aujourd'hui disparus et leur talent respectif est suffisamment énorme pour qu'on évite de les mettre en compétition. Ce film que l'on sent nourri à la grande tradition du film noir américain est un opéra tragique, où toutes les trahisons ne peuvent se payer que dans le sang. Le personnage de Ventura est un homme dur et déterminé. Il ne laisse personne, même les gens qu'il aime, l'empêcher d'aller au bout de son sacerdoce de gangster au code d'honneur exacerbé. Le personnage du flic que joue Paul Meurisse est très ambigu. Rien ne peut le détourner de sa mission, mais, en même temps, on sent qu'il éprouve de l'admiration et du respect pour l'homme qu'il traque. Un film magnifique, à ranger au panthéon des polars.

- Tu sais d'où je viens et tu sais ce qui m'attend, non ?

FICHE TECHNIQUE

RÉALISATION | JEAN-PIERRE MELVILLE
SCÉNARIO | JEAN-PIERRE MELVILLE D'APRÈS LE ROMAN DE JOSÉ GIOVANNI
DIALOGUES | JEAN-PIERRE MELVILLE, JOSÉ GIOVANNI
MUSIQUE | BERNARD GÉRARD
DURÉE | 150 MINUTES
DATE DE SORTIE | 4 NOVEMBRE 1966

DISTRIBUTION

LINO VENTURA | PAUL MEURISSE | RAYMOND PELLEGRIN | CHRISTINE FABREGA | PIERRE ZIMMER | MICHEL CONSTANTIN | MARCEL BOZZUFFI | PAUL FRANKEUR | DENIS MANUEL...

ANECDOTES SUR LE FILM

Jean-Pierre Melville faillit tourner son Deuxième Souffle *deux ans plus tôt, avec Serge Reggiani dans le rôle interprété par Lino Ventura et Simone Signoret dans celui de Christine Fabrega.*

Dans Le Doulos, *Melville avait déjà fait tourner Reggiani. D'ailleurs ce dernier retrouvera Lino Ventura et Paul Meurisse trois ans plus tard pour* L'Armée des ombres, *du même Melville.*

Le Deuxième Souffle *est tiré d'un roman de José Giovanni. On doit à cet écrivain de nombreux ouvrages adaptés au cinéma, comme* Le Trou, Classe tous risques, Les Aventuriers *ou* Les Grandes Gueules, *ainsi que des perles comme* Dernier Domicile, La Scoumoune, Deux Hommes dans la ville *ou* Le Gitan *en tant que réalisateur.*

FANTÔMAS CONTRE SCOTLAND YARD

De la trilogie des *Fantômas,* celui-ci est mon préféré, ce qui ne m'empêche pas d'apprécier énormément les deux autres. C'est certainement l'Écosse (même d'opérette) et ses fantômes qui y sont pour quelque chose. J'ai toujours apprécié une certaine culture anglo-saxonne. Une fois de plus et pour notre plus grand plaisir, Louis de Funès se déchaîne dans de très nombreuses scènes. Je peux voir et revoir certaines séquences sans jamais éprouver la moindre lassitude, et en rigolant toujours autant. J'adore l'arrivée de nos héros en Écosse où une sorte de Boris Karloff leur sert de chauffeur à travers la lande. Dans ce passage, il règne une ambiance très proche du cinéma fantastique de la Hammer, mais évidemment les gags s'enchaînant à grande vitesse. À aucun moment, la peur vient nous serrer dans ses bras délicieux. Je crois que le délire atteint son apothéose dans deux scènes particulièrement réussies. Tout d'abord, celle du pendu qui apparaît et disparaît rendant complètement hystérique notre brave commissaire Juve, et puis celle du lit qui se met à bouger et à évoluer tout seul à l'intérieur du château avec de Funès et Dynam étendus dessus. Voici du cinéma populaire et non populiste qui près de quarante ans après sa sortie continue de divertir les gens à chaque diffusion télévisuelle. Il est évident qu'à part le nom du méchant et ses exactions le contenu n'a plus grand-chose à voir avec les romans de Pierre Souvestre et Marcel Allain, mais ce n'est pas très grave puisque le plaisir est au rendez-vous.

- On a dépendu mon pendu !

FICHE TECHNIQUE

RÉALISATION | ANDRÉ HUNEBELLE
RÉAL. SECONDE ÉQUIPE | MICHEL WYN.
SCÉNARIO ET ADAPTATION | JEAN HALAIN ET PIERRE FOUCAUD D'APRÈS LES PERSONNAGES CRÉÉS PAR PIERRE SOUVESTRE ET MARCEL ALLAIN
DIALOGUES | JEAN HALAIN
MUSIQUE | MICHEL MAGNE
DURÉE | 97 MINUTES
DATE DE SORTIE | 16 MARS 1967

DISTRIBUTION

LOUIS DE FUNÈS | JEAN MARAIS | MYLÈNE DEMONGEOT | JACQUES DYNAM | HENRI SERRE | JEAN-ROGER CAUSSIMON | FRANÇOISE CHRISTOPHE | ROBERT DALBAN | GUY DELORME | RAYMOND PELLEGRIN : LA VOIX DE FANTÔMAS...

ANECDOTES SUR LE FILM

Roland Giraud était simple figurant et jouait le rôle d'un homme de main de Fantômas.

Dans ce dernier épisode de la trilogie, Jean Marais, quinquagénaire, avait plus de mal pour réaliser ses cascades. Claude Carliez, le coordinateur des cascades et des bagarres, a déclaré : "Il y avait une tour de quinze mètres à grimper et j'ai dit : - 'Écoute, Jean, si tu n'arrives plus à grimper, arrête-toi !' et finalement il est allé au bout de ses quinze mètres."

Seul le générique a été tourné en Écosse près de Glasgow. Aucun acteur n'a quitté le territoire français et le tournage s'est déroulé dans une Écosse factice. Le château écossais est en réalité le château de Roquetaillade situé en Gironde. L'intérieur du château fut reconstitué aux studios de Boulogne-Billancourt.

D'autres films (comme Le Pacte des loups*) se sont servis de cette belle fortification, restaurée par Viollet-le-Duc. Les scènes de chasse à courre sur la lande ont été tournées en forêt de Fontainebleau.*

LES VIEUX DE LA VIEILLE

Avant de parler des *Vieux de la vieille*, je vais commencer par rendre hommage à son réalisateur, le très estimable Gilles Grangier. Lui aussi fut allumé par la critique et par les excités de l'intellectualisme de bazar. Mais peu importe, car le monsieur a laissé derrière lui quelques chefs-d'œuvre, qui passent régulièrement sur le petit écran, pour notre plus grand plaisir. Parmi eux, on peut citer : *Le cave se rebiffe*, *Archimède le clochard*, *Le rouge est mis*, *Maigret voit rouge*, *Les Bons Vivants* (un film comportant trois sketches, deux réalisés par Grangier et un par Lautner), *La Cuisine au beurre*, *Sous le signe du taureau* et *L'Âge ingrat* (produit par la maison de production de Gabin et Fernandel). Il a aussi œuvré pour la télévision et parmi ses réalisations, il y a trois feuilletons que j'aime vraiment : *Quentin Durward*, *Les Mohicans de Paris* et, mon préféré, *Deux Ans de vacances*. Tout ça pour dire que j'adore tous ces cinéastes qui faisaient des films populaires, sans se poser de questions d'existentialisme, même si parfois, au détour d'une scène, des choses étaient dites et bien dites (voir *Le 7e Juré* de Lautner). Le scénario du film a été adapté du roman de René Fallet. Dans l'œuvre de l'écrivain, on retrouve le côté provocateur et anarchiste de son grand ami, le chanteur Georges Brassens. *Les Vieux de la vieille* est un hymne à la liberté. La liberté de vieillir comme on l'entend sans que personne vienne nous les briser menu. Il faut dire que pour interpréter les trois personnages, Grangier avait récupéré le gratin des acteurs de l'époque. Je vous conseille fortement de lire le bouquin (moi c'est fait). Certains de mes potes s'en souviennent encore ! On était toute une bande à avoir loué une baraque du côté d'Argentat et le soir, avant de pioncer, mon plus grand plaisir était de me plonger dans ce livre. Le problème, c'est que je riais tellement fort qu'à tous les coups je réveillais la maisonnée. Si j'arrive à devenir vieux, j'ai vraiment envie de leur ressembler, de picoler comme un beau diable et d'emmerder la terre entière, en compagnie de quelques sévères gaillards qui voient les choses de la même façon que moi. On devrait foutre la paix aux vieux. On les a suffisamment fait suer pendant toute leur vie pour qu'on puisse les laisser vieillir tranquillement. Mais voilà, même quand on est maqué avec un déambulateur, on continue à nous prendre la tête. Il y aura toujours un demi-sel pour venir vous expliquer que la terre est ronde et que péter en public est très grossier. La vraie grossièreté, c'est la société dans laquelle nous vivons, le paradis des donneurs de leçons cathodiques et des emmanchés de toutes sortes qui veulent nous faire croire que les vaches aboient et que les trains ont des ailes.

- Si vous allez aussi vite que je vous emmerde, pour une fois vous serez en avance sur l'horaire !

FICHE TECHNIQUE

RÉALISATION | GILLES GRANGIER – SCÉNARIO | D'APRÈS LE ROMAN DE RENÉ FALLET – ADAPTATION | RENÉ FALLET, GILLES GRANGIER, MICHEL AUDIARD DIALOGUES | MICHEL AUDIARD – MUSIQUE | FRANCIS LEMARQUE – DURÉE | 85 MINUTES – DATE DE SORTIE | 2 SEPTEMBRE 1960

DISTRIBUTION

JEAN GABIN | PIERRE FRESNAY | NOËL-NOËL | MONA GOYA | YVETTE ETIEVANT | ANDRÉ DALIBERT | YANE BARRY | HÉLÈNE DIEUDONNÉ | GUY DECOMBLE, ALEXANDRE RIGNAULT | PAUL MERCEY | JACQUES MARIN

L'ARMÉE DES OMBRES

Si on regarde bien l'œuvre cinématographique de ces soixante dernières années, peu de films traitent de la Résistance française pendant le second conflit mondial. Pour moi, celui de Melville est le plus important, même si *La Bataille du rail* de René Clément est aussi un chef-d'œuvre. Ici point de scènes d'action à couper le souffle (excepté peut-être la scène d'exécution dans les souterrains) ou de supers-héros massacrant du nazi à la même vitesse que la télé-réalité éradique les neurones de ceux qui la regardent. Nous suivons la vie de plusieurs hommes et femmes ordinaires pris dans une tourmente qui les dépasse et qui essaient de survivre en défendant leur patrie et leurs idéaux. Le metteur en scène a parfaitement retranscrit le caractère de ses personnages. Il faut dire qu'avec une telle distribution il aurait fallut être un sacré manche pour rater la direction de ses acteurs. Rarement l'horreur de la guerre ne m'a autant touché, car justement le fait de se retrouver dans le quotidien de monsieur Tout-le-Monde nous rapproche d'autant plus des héros de l'histoire, car nous pouvons nous identifier encore plus facilement à eux. Au début de l'histoire, des résistants exécutent un traître et cette scène m'a hanté pendant de nombreuses années. En effet, même si le félon mérite le traitement infligé, on a le cœur brisé devant sa jeunesse, sa peur et son désarroi. C'est justement ce qui fait la force de *L'Armée des ombres*, tout est plausible, terriblement réaliste et affreusement humain. Depuis deux ans, une série télé aborde la Résistance et la collaboration pendant cette triste période de notre histoire. Il s'agit d' "Un village français". Un très bon feuilleton qui décrit avec talent l'Occupation allemande.

- Je vais chercher de la monnaie !

FICHE TECHNIQUE

RÉALISATION | JEAN-PIERRE MELVILLE.
SCÉNARIO, ADAPTATION, DIALOGUES | JEAN-PIERRE MELVILLE D'APRÈS LE ROMAN ÉPONYME DE JOSEPH KESSEL
MUSIQUE | ÉRIC DEMARSAN
DURÉE | 139 MINUTES
DATE DE SORTIE | 12 SEPTEMBRE 1969

DISTRIBUTION

LINO VENTURA | SIMONE SIGNORET | PAUL MEURISSE | JEAN-PIERRE CASSEL | PAUL CRAUCHET | CHRISTIAN BARBIER | CLAUDE MANN | ALAIN LIBOLT | ALAIN MOTTET | ALAIN DECOCK | SERGE REGGIANI...

ANECDOTES SUR LE FILM

Un des thèmes musicaux du film (la marche de Ventura vers le peloton d'exécution) est célèbre pour avoir servi de générique à l'émission de télévision "Les Dossiers de l'écran".

Melville suivit assez fidèlement le roman de Joseph Kessel, écrit en 1943, mais ajouta quelques détails de sa propre expérience de résistant.

Le film sortit tardivement aux États-Unis, en 2006. Ce fut un événement pour les cinéphiles unanimement applaudi par les critiques spécialisés. Il a même été classé meilleur film de l'année par le magazine américain Première. *André Dewavrin, le colonel Passy, joue son propre rôle.*

D'après Bertrand Tavernier, ancien assistant de Melville, Signoret, avant de tourner la scène de l'exécution de Mathilde, a demandé à Melville si Mathilde avait trahi ou non. La réponse de Melville fut : "Je ne sais pas, c'est toi qui le sais".

LA TRAVERSÉE DE PARIS

Comme dans le cochon, rien à jeter dans ce pur chef-d'œuvre. D'ailleurs, en parlant de cochon, cet animal à l'aspect romantique est l'un des moteurs de l'histoire. En effet, le personnage de Bourvil pratique le marché noir pour essayer de donner une vie un peu moins médiocre à sa compagne. Il faut dire que, sous l'Occupation, ce n'était pas la fête tous les jours, et que les bons repas étaient rares. Le personnage de Gabin est beaucoup plus cynique. Il va accompagner Bourvil dans ses pérégrinations, pas pour l'argent ou par conviction, mais simplement pour se distraire un peu. Le film se déroule d'ailleurs en grande partie pendant la nuit, ce qui rend l'atmosphère encore plus inquiétante et oppressante. L'histoire n'est pas drôle, mais il faut bien reconnaître qu'on rit beaucoup. D'abord à cause des dialogues fabuleux, entre autres ceux de Gabin, qui a une ou deux colères pas piquées des hannetons, et puis aussi, et je dirais presque surtout, pour la séquence de la cave avec de Funès, son cochon et les hurlements intempestifs du gars Jean. Malgré ce que je viens de dire, mon passage préféré est celui où Gabin, très énervé, invective un couple d'honnêtes cafetiers et leur clientèle. Pendant cette séquence, les dialogues atteignent des cimes dans le cynisme et la cruauté, mais quel bonheur de voir ces affreux se faire tacler méchamment. Ce film date de 1956. La même année sortait *Be-Bop A Lula* de Gene Vincent. Vous allez me dire "quel rapport ?", aucun vous répondrai-je, si ce n'est que 1956 fut magique, magnifique, grandiose pour le cinéma et la musique.

- Cinquante ans chacun, cent ans pour le lot, cent ans de connerie. Mais qu'est-ce que vous êtes venus foutre sur terre, nom de Dieu. Vous n'avez pas honte d'exister !

FICHE TECHNIQUE

RÉALISATION | CLAUDE AUTANT-LARA
SCÉNARIO | JEAN AURENCHE ET PIERRE BOST, ADAPTÉ DE LA NOUVELLE DE MARCEL AYMÉ
DIALOGUES | JEAN AURENCHE, PIERRE BOST
MUSIQUE | RENÉ CLOÉREC
DURÉE | 80 MINUTES
DATE DE SORTIE | 26 OCTOBRE 1956

DISTRIBUTION

JEAN GABIN | BOURVIL | LOUIS DE FUNÈS | JEANNETTE BATTI | JACQUES MARIN | ROBERT ARNOUX | GEORGETTE ANYS | JEAN DUNOT | MONETTE DINAY...

ANECDOTES SUR LE FILM

La légende veut que le film ait eu un succès public mitigé, c'est faux puisque avec 4 893 174 entrées, le film se place 4e au box-office de 1956. Avant ce film, Bourvil n'avait jamais travaillé avec Gabin. Leur première scène fut justement celle de la rencontre entre Martin et Grandgil. Lorsque Gabin entre dans le bistrot et lance un : "Bonsoir" inquiétant.

Le budget serré du film encouragea Max Douy (chef décorateur) à réaliser des quartiers entiers de Paris en studio. Ses influences expressionnistes sont exacerbées dans certaines séquences du film.

De plus, le film est certainement l'une des visions les plus justes et les plus saisissantes de la période de l'Occupation au cinéma. La force du traitement réside évidemment dans la présence d'un noir et blanc très contrasté.

La fin du film est complètement différente de celle de la nouvelle de Marcel Aymé dans laquelle Grandgil est tué par Martin qui incarne l'honneur du prolétariat contre le cynisme d'une bourgeoisie oisive.

LE GENDARME DE SAINT-TROPEZ

J'adore ce film qui possède un charme que l'on ne retrouvera certainement plus jamais. D'ailleurs, quand on voit ce qu'est devenu Saint-Tropez, on pourrait aujourd'hui en faire une histoire qui s'appellerait "les abrutis de Saint-Tropez". Mes deux films préférés de la série sont *Le Gendarme de Saint-Tropez* et *Le gendarme se marie*. Dans ce dernier, le passage où Michel Galabru grimpe sur une table pour espionner Louis de Funès qui passe un examen pour monter en grade, et qu'il se fait surprendre par un gradé tandis qu'il danse, est pour moi un summum du gag visuel et j'avoue bien volontiers rire aux larmes à chaque fois que je revois cette scène. Dans *Le Gendarme en balade*, il y au début une scène exceptionelle où de Funès se déchaîne. En effet, le curé de la paroisse vient demander à l'épouse du gendarme à la retraite une contribution pour réparer son église. Il s'ensuit un festival de grimaces entre les deux hommes, sous le regard consterné de la géniale Claude Gensac. L'ecclésiastique est joué par Paul Mercey, un second rôle que l'on a vu dans de très nombreux films et pas des moindres (*Les Tontons flingueurs, Un singe en hiver, La Grande vadrouille, Mélodie en sous-sol, Rue des prairies...*). Ce fut aussi un acteur de théâtre, notamment dans *Douze Hommes en colère*. Comme quoi, même en ayant des petits rôles, on peut avoir une filmographie et une carrière très impressionnantes. Je ne suis pas client des deux derniers films de la série, trop loin de ce qui faisait la qualité des autres. Mais restons sur une note positive, et même si je n'irais pas passer mes vacances du coté de La Madrague, je suis encore capable de twister à Saint-Tropez.

- Do you, do you, do you, Saint-Tropez !

FICHE TECHNIQUE

RÉALISATION | JEAN GIRAULT
SCÉNARIO | D'APRÈS UNE IDÉE DE RICHARD BALDUCCI
ADAPTATION | JEAN GIRAULT, JACQUES VILFRID
DIALOGUES | JACQUES VILFRID
MUSIQUE | RAYMOND LEFEVRE,
CHANSONS | "ZORRO EST ARRIVÉ", INTERPRÉTÉ PAR HENRI SALVADOR, "DO YOU, DO YOU, SAINT-TROPEZ" INTERPRÉTÉ PAR GENEVIÈVE GRAD
DURÉE | 95 MINUTES
DATE DE SORTIE | 1 SEPTEMBRE 1964

DISTRIBUTION

LOUIS DE FUNÈS | GENEVIÈVE GRAD | MICHEL GALABRU | JEAN LEFEBVRE | CHRISTIAN MARIN | GUY GROSSO | MICHEL MODO | CLAUDE PIÉPLU...

ANECDOTES SUR LE FILM

Ce fut le plus gros succès de l'année 1964 avec environ sept millions d'entrées.

L'adjudant Gerber devait être Pierre Mondy. Ce dernier, occupé au théâtre, n'a pas pu faire le film. Il fut remplacé avec brio par Michel Galabru. Fernand Sardou, le père du chanteur souriant, fait une apparition en paysan et l'animateur Patrice Laffont, dans le rôle d'un jeune play-boy.
Un des grands moments du film est la chasse aux nudistes que les gendarmes organisent sur les plages de la petite cité balnéaire qui commençait à avoir une réputation nationale.

La séquence avec la bonne sœur qui prend sa voiture pour une formule 1 fut réglée par le cascadeur de l'époque Gil Delamare. Ce film marque le début d'une série de six aventures du gendarme Cruchot et de son équipe de bras cassés.

Ces films ont rencontré un grand succès tout au long des années 1960, 1970 et 1980.

L'EMMERDEUR

Réunir un monstre sacré du cinéma avec un autre de la chanson était une idée de génie. Pour moi, Brel est certainement le plus grand chanteur à textes avec Brassens, Trenet, Aznavour, Bashung, Murat, Claude Moine et Renaud. Quant à Ventura, sa carrière parle d'elle-même. *L'Emmerdeur,* c'est François Pignon (Jacques Brel), et question pète-noix, on a affaire à une sommité, un champion du monde, un cas d'école hors catégorie. Le seul qui peut rivaliser avec lui, c'est Jean Lefebvre dans le rôle de Michalon dans le film de Georges Lautner *Ne nous fâchons pas*.Veber est un excellent scénariste et dialoguiste. Coller un tueur et un dépressif suicidaire dans une chambre d'hôtel, fallait y penser ! Surtout que la confrontation va tourner au cauchemar pour le flingueur professionnel. L'autre pénible va lui faire rater son contrat et transformer sa vie en parcours du combattant. Pour clore le tout, Pignon est un collectionneur de santons, c'est vous dire l'ampleur des dégâts chez ce personnage ! D'ailleurs, on retrouvera le nom de François Pignon dans d'autres comédies écrites par Francis Veber. En général, ce sera toujours un fléau pour ses contemporains. Pierre Richard, Jacques Villeret, Daniel Auteuil, Gad Elmaleh et Patrick Timsit tiendront le rôle. Voilà encore une comédie qui va rester dans les annales de ce qui se fait de mieux dans le genre. Vous pouvez regarder ce film, autant de fois que vous voulez, comme tout ce qui est bon, vous ne vous en lasserez jamais et puis l'avantage c'est que vous ne risquez pas la crise de foie. Par contre, cinq minutes de "L'Île de la tentation", de "Secret Story" ou d'autres étrons du même acabit et vous risquez de provoquer des dégâts irrémédiables dans votre cerveau.

- On a tout vu, tout, sauf un représentant d'une espèce pourtant très répandue, je veux parler de l'emmerdeur !

FICHE TECHNIQUE

RÉALISATION | ÉDOUARD MOLINARO
SCÉNARIO | FRANCIS VEBER, D'APRÈS SA PIÈCE
DIALOGUES | FRANCIS VEBER
MUSIQUE | JACQUES BREL, FRANÇOIS RAUBER
DURÉE | 180 MINUTES
DATE DE SORTIE | 20 SEPTEMBRE 1973

DISTRIBUTION

LINO VENTURA | JACQUES BREL | CAROLINE CELLIER | JEAN-PIERRE DARRAS | NINO CASTELNUOVO | XAVIER DEPRAZ...

ANECDOTES SUR LE FILM

Au début du film, dans la scène où Lino Ventura prend son café dans une station-service, le barman tient un album de Brel dans les mains.

Il y eut deux remakes de ce film, le premier en 1981 s'appelait Buddy Buddy, *réalisé par Billy Wilder (connu entre autres pour* Certains l'aiment chaud *avec Marilyn Monroe et Tony Curtis) avec Jack Lemmon et Walter Matthau. Le second fut mis en scène en 2008 par Francis Veber, le scénariste de la première version.*

Pour interpréter les deux rôles principaux, il avait engagé Patrick Timsit et Richard Berry. Ne les ayant vu ni l'un ni l'autre, je ne peux rien vous en dire, hormis qu'ils existent.